AF607402

Diseño de la portada: Julio Fer.
http://www.edicionesinvasoras.com
D.L. ZA 140-2024
ISBN: 978-84-18885-48-8

ESPACIOS INFINITOS

Finalista del VII Premio Internacional Dramaturgia Invasora

Enrique Torres Infantes

"Si una línea recta es el camino más corto entre dos puntos,
la curva es lo que hace al concreto buscar el infinito".
Oscar Niemeyer

"... la gente de la edad media dormía en extraños armarios de madera".

BBC NEWS MUNDO.

Personajes: **Vecina** y **Vecino**, ambos entre 50 y 60 años.

Personajes virtuales: Voces de **Claudia, madre de Cecilia. Cecilia. Empleados tienda de electrodomésticos. Señor Ruiz.**

Personaje en la extraescena: **Presidenta de la comunidad...**

Espacios: **Estancia de la vecina. Estancia del vecino.**

La ***escritura en cursiva*** *se utiliza:*

- Para los apartes, soliloquios y/o monólogos interiores de los personajes.

- Para los diálogos virtuales: grabaciones de audio y llamadas telefónicas.

- Las voces del programa de radio.

- Las grabaciones realizadas por ***Vecino:*** *1. De la niña Cecilia y su madre. 2. En la tienda de electrodomésticos. 3. En el Bar;*

Son grabaciones de audio aunque podrían plantear la idea de una cámara oculta de video y proyectarse también en pantalla.

Este **tipo de letra** es para:

- Los diálogos entre **Vecina y Vecino.**

- Diálogo de **Vecina** con la presidenta de la comunidad, a través de la puerta cerrada.

- Los diálogos de **Vecino**, al interactuar con las grabaciones del señor Ruiz y la madre de la niña.

ESCENA 1: EN EL PISO DE LA VECINA

VECINA - *Estoy golpeando la puerta de mi armario...*

VECINO - *Estaba en el mejor de mis sueños y esta mujer está golpeando la puerta.*

VECINA - ¡Salga de una vez!

VECINO - ¿Puede dejarme estar cinco minutos más? Por favor... se lo ruego...

VECINA - ¡O sale ahora o reviento la puerta!

VECINO - *El problema es que hace más de media hora que tenía que haber salido.*

Esta mujer no te regala ni un minuto.

Abro el armario, asomo la cabeza por precaución, su voz parecía agresiva.

Mi vecina tiene los brazos cruzados, no dice nada, solo me mira, muy seria.

Perdóneme, me he quedado dormido. No he visto la hora que era.

VECINA - ¿Le apetece un café?

VECINO - Sí...

¿Podría tomarlo dentro del armario?

VECINA - ¡Usted no tiene hartura! ¡Salga de una vez y acompáñeme!

VECINO - *Salgo del armario, Mi vecina cierra las puertas del armario.*

Con un gesto me pide que la acompañe. La sigo.

Caminamos hasta su cocina.

Huele a limpio. Reconozco ese olor.

Vecina - Me parece perverso.

Vecino - ¿Perverso? Cuando me colaba en su casa podría parecer perverso...

¿Cuánto tiempo llevamos usted y yo negociando?

Si le parece perverso, usted también es responsable.

Vecina - Escúcheme... Digo perverso y piensa en algo negativo.

No soy como sus vecinas, siempre al acecho, vigilando, escuchando cada vez que usted golpea mi puerta, siempre murmurando...

Vecino - Usted no habla con nadie, ¿cómo lo sabe?

Vecina - Lo escucho.

Vecino - *Dice que lo escucha... Los vecinos lo encuentran raro, es normal. Y eso que siempre vengo con una excusa; traigo una taza vacía, pido sal, o azúcar, un huevo, un limón... soy un vecino que pide cosas a otra vecina.*

Sería más sospechoso si yo llamase suavemente y ella abriera sin más.

Siempre pregunta: ¿quién es? Yo contesto... Soy su vecino... ¿me daría un poco de sal? Ella dice: espere y entonces abre.

Igual es raro que venga con tanta frecuencia.

Soy un hombre casado, las murmuraciones son inevitables...

A mí me da igual, en casa todo está claro...

Si lo prefiere puedo buscar otras excusas... pintarle la casa, se me da muy bien pintar...

Vecina - ¿Por qué le gusta meterse en mi armario?

Vecino - No es porque sea su armario. No sirve cualquier armario. Este es el armario que necesito... antes de ser suyo fue mío.

Vecina - Me estoy planteando vendérselo.

Vecino - No... No...

Vecina - Así lo tiene en casa y se mete cuando quiera.

Y no llamará la atención de los vecinos.

Piénselo...

Vecino - ¿Todavía no lo entiende? Es ese armario, en esa habitación, dentro de este piso. Es el paso del tiempo. Es el mismo olor a madera...

No se explica con palabras. No siempre hay palabras para explicarlo todo.

Vecina - Inténtelo...

¿Era su habitación del pánico? ¿Su celda de castigo?

Vecino - No... No invente causas... la tenía por alguien con una mente abierta.

No me imagine como un atormentado. No piense que ese armario explica una infancia cruel.

Es el único lugar donde encuentro la calma... cuando no la tengo y la necesito. Es mi lugar único, es mi silencio, ahí puedo olvidarlo todo, ¿le vale con eso? Además, ¿de qué se queja? Usted cobra cada vez que vengo.

Vecina - ¿Le parece mal?

Vecino - No. Usted me está presionando y debo recordarle que tenemos un acuerdo.

Vecina - Le devolveré su dinero.

Vecino - Señora, ¿qué le pasa? Normalmente vengo, entro en el armario, estoy el tiempo que pago, me voy y no cruzamos palabras.

Vecina - ¿A qué se dedica?

Vecino - No señora no, eso no...

Usted aceptó unas reglas, no indagar, no hacer preguntas.

Vecina - O me dice a qué se dedica o se acabó.

Vecino - Soy responsable del departamento de personas de una entidad financiera.

Vecina - ¿Y eso qué quiere decir? Sea concreto...

Vecino - Antes me dedicaba a contratar. Ahora me dedico a despedir.

Vecina - ¿Por qué necesita meterse en ese armario?

Vecino - ¿Y usted porque no sale nunca de esta casa?

Vecina - No lo necesito.

Vecino - ¿Por qué eligió esta casa para vivir?

Vecina - *Hago una pausa. Y me acerco a la ventana. En este momento se escucha el rumor de los niños, están jugando en el patio. Es la hora de jugar.*

Los niños acaban de salir al patio, me gusta mirarlos desde aquí, veo cómo juegan... Hay una niña que me recuerda a mí... ella no necesita a nadie.

Este sonido de los niños me trajo aquí, poder mirarles me trajo aquí.

Vecino - De usted se dicen muchas cosas...

Vecina - No me importa lo que digan de mí.

Vecino - Dicen que usted nunca sale, que no se relaciona con nadie. Dicen que le traen la comida y todo lo que necesita. Dicen que se lo dejan todo en la puerta... que nunca se relaciona con nadie y si necesita hacerlo envía a un abogado.

¿Por qué me deja entrar en su casa?

Vecina - Usted está comparando su rareza con la mía.

Vecino - Evitemos las preguntas. Y los porqués.

Vecina - De acuerdo. Hagamos un nuevo pacto.

Vecino - Un nuevo pacto...

Vecina - A partir de ahora, si quiere entrar en mi armario, tendrá que hacer cosas para mí ahí fuera.

Vecino - ¿Qué cosas?

No me haga llamar más la atención.

Vecina - Quiero que averigüe cómo puedo ayudar a esa niña y a su familia.

Venga acérquese.

Vecino - *Me acerco a la ventana, doy cuatro pasos prudentes.*

Ella me mira a los ojos y me pone nervioso. Hasta hoy nunca nos mirábamos así.

Ya estoy a su lado, miramos por la ventana.

Abajo está el patio del colegio, los niños juegan.

Vecina - Aquella niña que está sola... ¿La ve?

Vecino - Sí.

Vecina - A su familia le vendrá bien mi ayuda, usted se va a ocupar de eso.

Vecino - A este nuevo pacto hay que ponerle precio.

¿Cómo vamos a equiparar lo que vale hacer eso con el tiempo de estar en el armario?

Vecina - Podrá entrar en mi armario cuando quiera.

Usted golpeará la puerta, como siempre, suavemente, pondrá una excusa y yo abriré.

Vecino - ¿Y si usted duerme?

Vecina - Eso o nada.

Vecino - *Me quedo pensativo, aunque tengo claro que acepto el pacto, después ya veremos lo que me pide que haga.*

Vecina... disculpe, antes... usted interrumpió... un sueño maravilloso...

¿Podría dormir un rato más en su armario? Media hora...

Vecina - ¿Estamos de acuerdo entonces?

Vecino - Sí.

Vecina - Sea discreto cuando se vaya.

Los vecinos murmuran.

Vecino - *Vuelvo al armario.*

Cierro la puerta.

Huele a madera.

ESCENA 2: EN EL PISO DEL VECINO

Vecino – *Estoy atendiendo llamadas. Mi teléfono echa humo...*

Es el peor momento... estamos con la campaña de despidos... en este momento hablo con un compañero...

(...) ... sabía que me sonaba el nombre, este es de los que toman café seis veces... están hartos de este tío... (...) ... ¿y no se le despide?, muy bien... (...) ... se le traslada... ¿a dónde? (...) ¿a quién tengo que despedir en su lugar? (...)... cuántos echan esta vez... un desastre... (...)... plantarme delante de personas que no lo merecen y decirles que la vida es así... (...) No... yo ejecuto... y punto... (...) Lo sé... es injusto... (...) Un día me estalla la cabeza... no me importa si lo merecen o no... (...) Es lo que hay... (...) ¿Otro?... (...) ¿Ese también? (...) Se le traslada... (...) ... encajarlo en el nuevo plan... y no estará contento... (...) Cuatro horas de coche y a comerme sus quejas... llamará a alguien influyente, para quejarse... y después alguien me llamará a mí... (...) Hay más dignidad en los que escuchan que están despedidos que en estos que trasladan... (...) Porque tienen a alguien que les protege... y mientras... una persona que trabaja bien se va a la calle... (...) No... dicho esto... yo hago mi trabajo, punto... (...) No... los que faltan me los envías... por correo... (...) Tengo que hacer cien llamadas, duermo un poco y luego otras cien... (...) Como siempre... para ese día está hecho... (...)... lo sé... (...) Yo, y tú también...

... tengo la lista de las personas que voy a visitar... soy un ejecutor... mi trabajo se parece al de un sicario, recibo la información, entro en la vida de alguien y cuando está más confiado, lo ejecuto, a la puta calle...

Mi entidad, en los despidos quiere buenas maneras... Llego, me presento... hago visitas personalizadas, aunque trabajen varios en la misma agencia y los vaya a ejecutar a todos, la visita siempre es individual... Les dedico tiempo... Tengo mucha información... tengo información de sus familias, de sus inquietudes, de sus aficiones, de sus problemas.... Hay que cuidar las formas... por responsabilidad... por ética... antes de ser ejecutados les hago firmar un contrato de confidencialidad, para que luego no vayan diciendo lo que no se atrevieron a decir... Les invito a comer... en el restaurante más caro, eligen ellos... retardo el momento de pronunciar las palabras... siempre miro sus ojos... desde el principio, desde que nos estrechamos la mano, miro sus ojos...

Saben a qué vengo, no preguntan, no pierden la dignidad...

Saben que yo, el ejecutor, en algún momento, sacaré mi pistola, esa que lleva silenciador... manteniendo la misma sonrisa que utilizaba, mientras escuchaba cómo tragaban saliva, mientras me contaban las historias de sus hijos, los problemas de los últimos años, las frustraciones de su pareja, la operación de cadera de la madre, el alzhéimer del padre... yo utilizo el mismo gesto... un gesto de comprensión, la misma expresión de empatía... Hasta que llega el momento... apunto a la cabeza y disparo... estás despedido, estás despedida... calma... escúchame con atención... la entidad no te va a dejar sin cobertura, sigues siendo importante para la empresa, sin ti no habríamos llegado hasta aquí... quien sabe si volverás... es lo que mereces, estar en la lista de posibles, por todo lo que has hecho... escúchame lo que te voy a decir... gracias... aunque esta última palabra ya no la escuchan.

ESCENA 3: EN EL PISO DE LA VECINA

VECINA - *Esta planta me acompaña desde hace mucho tiempo... la cuido, y hablo con ella... está preciosa... Golpean la puerta... No tengo timbre, ¿para qué?*

Alguien golpea mi puerta con agresividad... no pienso abrir... mi vecino no es... él golpea con suavidad...

Ahora, además de los golpes están gritando...

VOZ PRESIDENTA DE LA COMUNIDAD - ¡Abra! ¡Usted nunca sale!

VECINA - *Mi vecina, es una hiena, se mueve igual, tiene joroba y risa de hiena... a veces, desde aquí la escucho reír mientras ve absurdos programas de televisión...*

Y a veces la escucho en el pasillo, susurrando a otras vecinas... ¿Cuál es el problema? Las visitas de mi vecino... Ella es presidenta de la comunidad, por ese cargo piensa que tiene derecho a golpear mi puerta.

VOZ PRESIDENTA DE LA COMUNIDAD - ¡Abra de una vez! ¡No pienso parar hasta que me abra! ¡Tengo que informarla de algo!

VECINA - *Dice que viene a informarme, ya lo intentó y no le hice caso, dice que hay gastos que tenemos que pagar, le pasé por debajo de la puerta el número de teléfono de Claudia, la persona que lleva mis asuntos...*

Ella lo que quiere es hablar de otras cosas...

Señora... ahora no puedo atenderla...

VOZ PRESIDENTA DE LA COMUNIDAD - Sería importante... muy importante que usted y yo hablásemos...

Vecina - Ahora no puedo...

Voz Presidenta de la Comunidad - ¿Y cuándo podrá?

Vecina - Lo que haya que pagar se paga y punto...

Voz Presidenta de la Comunidad - Ya... hay otro asunto que debo tratar con usted, un asunto personal que no conviene hablarlo desde el pasillo...

Vecina - *Esta señora tiene mala sangre, su voz rezuma lo que lleva por dentro...* Señora, estoy trabajando... tengo una videoconferencia y cien personas conectadas me esperan...

Voz Presidenta de la Comunidad - ¿Y cuándo tendrá unos minutos para hablar conmigo? Es urgente...

Vecina - Yo la avisaré...

Voz Presidenta de la Comunidad - Cómo me avisará...

Vecina - Golpearé su puerta... con más suavidad que usted...

Voz Presidenta de la Comunidad - No quiero bromas...

Vecina - Ya pensaré cómo...

Por debajo de la puerta me pasa una tarjeta donde ha anotado su número de teléfono...

Voz Presidenta de la Comunidad - Llámeme... Le advierto que no pienso consentir desplantes...

Vecina - La llamaré o alguien lo hará...

Tengo facilidad para olvidar lo que no me interesa, no pierdo el tiempo... He decidido olvidar a la presidenta de la comunidad, ya se ocupará Claudia...

A veces hay extrañas coincidencias... mientras cuidaba esta planta, escuchaba un programa de radio... al invitado le hacen una pre-

gunta que suelen hacer siempre al final de las entrevistas... si existiera la reencarnación, en quién o en qué le gustaría convertirse...

Mi abuela me decía, hija, cuando yo me muera me convertiré en una planta... notarás que soy yo porque seré especial para ti, seré más bella que ninguna flor, tendré un olor que te embriagará... tú sabrás que soy yo...

Extrañas coincidencias... estoy leyendo un libro sobre la inteligencia de las plantas... mi abuela, no creía en dioses, ni en religiones, creía en el poder de las plantas... ella les hablaba, les cantaba, les rezaba...

Un día veo a mi abuela pidiéndole ayuda a sus plantas... como otras abuelas pedían a sus santos milagrosos...

¿Abuela, qué le estás pidiendo a tus plantas?

Les pido ayuda... Si yo hubiera vivido en otro tiempo me habrían quemado en la hoguera, por bruja... dejaba salir una carcajada que sonaba como el relincho de un caballo...

Niña... Si alguna vez tienes mal de amores aprende de las plantas, son seductoras y saben manipular, no les queda más remedio, no se pueden mover y necesitan ayuda.

Pero... ¿qué le pides a tus plantas abuela?

Tu abuelo y yo nos hemos enfadado, sé que estará enfurruñado y borracho, pero me quiere... me quiere mucho... y yo también le quiero... Mis plantas le van a embriagar... utilizarán olores que le recuerden a mí, ellas saben... y vendrá a pedirme perdón...

Así fue, mi abuelo vino, arrebatado, se abrazó a la abuela, se besaron y se metieron en el dormitorio, hasta el día siguiente.

Las plantas son inteligentes, resuelven problemas y se comunican, lanzan moléculas químicas al aire, eso que mi abuela llamaba em-

briagar. Saben manipular para que los insectos trabajen para ellas... Los seducen con néctar, una sustancia dulce que les encanta...

¿No les ha pasado? Se apoyan en un árbol, para descansar y un ejército de hormigas aparece y les ataca a mordiscos... manipulación, el néctar vuelve locas a las hormigas, es azucarado y tiene compuestos químicos que las convierte en adictas.

¿No se han preguntado cómo hacen las plantas para que las abejas las polinicen?

La abeja necesita el néctar para la colmena, llega a la flor, se carga de polen y lo deposita en otra flor... esa flor tiene que ser de la misma especie... la abeja podría elegir una flor cualquiera, la que esté más cerca, de otra especie... no lo hace, si llevase polen a una flor que no es de la misma especie no serviría... ¿cómo convence la flor a la abeja para que visite flores de la misma especie? Manipulación...

Y yo, pensando en estas cosas, he pensado en mis tratos con el vecino...

Voy a escuchar el final del programa de radio...

Voz Programa de Radio – *... es la historia de un árbol que había sido talado... solo era un tocón moribundo, misteriosamente se mantenía vivo, ¿cómo era posible? Los árboles de alrededor habían juntado sus raíces para hacerle llegar lo que necesitaba para mantenerse vivo...*

Vecina - *Suena una llamada en mi teléfono... Es Claudia, es raro que me llame... dejo el programa de radio.*

Claudia...

Voz Claudia - *Disculpe... si puedo gestionarlo jamás la molesto... hasta ahora creo que lo he gestionado casi todo...*

Vecina - ¿Qué pasa?

Voz Claudia - *Me ha llamado una vecina suya...*

Vecina - ¿La presidenta de la comunidad? Hay que pagar unos gastos, le pedí que te llamase para que lo resuelvas tú.

Voz Claudia - *Esta señora me está volviendo loca, la tengo por la otra línea... dice que tiene que tratar un asunto personal con usted... es muy... persuasiva... voy a tener que tomarme otro tranquilizante... lo siento...*

Vecina - Claudia, pásame la llamada...

Voz Claudia - *Le paso...*

Vecina - Buenos días presidenta de la comunidad...

Voz Presidenta de la Comunidad - *Llevo una hora al teléfono esperando a que usted me conteste... no sea irónica... merezco un respeto...*

Vecina - ¿Qué quiere señora presidenta de la comunidad?

Voz Presidenta de la Comunidad - **...** *sabe muy bien sobre qué quiero hablar, no intente jugar conmigo... no estoy dispuesta a ser una cómplice del engaño indecente que le están haciendo a mi amiga, usted y ese impresentable que acude a su puerta con excusas idiotas... no le he dicho nada a ella, todavía, si esto no se acaba inmediatamente actuaré de otra manera y será muy desagradable.*

Vecina - ¿Ha terminado de amenazarme?

Voz Presidenta de la Comunidad - *Por el momento.*

Vecina - La he escuchado sin interrumpir y es lo que usted va a hacer ahora... Sobre las excusas de mi vecino, estoy de acuerdo, son absurdas, aunque comprendo por qué lo hace...

Señora no tengo nada que ocultar...

Voz Presidenta de la Comunidad - *O sea que usted...*

Vecina - ¡No interrumpa! Piensa que estamos liados, lo piensa y lo da por hecho... voy a denunciarla, no sé si puedo denunciar a una vecina que golpea la puerta y me acusa de liarme con el vecino, lo voy a intentar, las explicaciones se las dará mi vecino y su señora... de lo demás se ocupará mi abogado, ahora déjeme en paz...

Claudia...

Voz Claudia - *Aquí estoy...*

Vecina - Ocúpate de pagar y no la atiendas si te vuelve a llamar...

Mi vecino golpea suavemente la puerta...

No le dejo entrar... Tiene que hablar con su mujer y con su vecina...

Voz Vecino - Tengo cosas que contarle...

Vecina - Hasta que no lo haga usted no entra... La presidenta de la comunidad... Mata Hari... piensa que usted está engañando a su mujer conmigo...

Voz Vecino - Lo siento...

Vecina - No quiero escenas, no quiero visitas, no quiero saber nada, usted lo soluciona...

Voz Vecino - Lo arreglaré, lo prometo...

Vecina - Hable con su mujer...

Voz Vecino - ¿Ahora?

Vecina - *La hiena acaba de salir de su piso para discutir con mi vecino...*

Voz Presidenta de la Comunidad - ¡Entenderá que resulta muy raro que usted entre de forma tan misteriosa a casa de una vecina y pase ratos tan largos! ¡Y no soy Mata Hari! Mi obligación es...

Voz Vecino - ¡Cállese! ¡Ya hablaremos! ¡No tiene ni idea! ¡Es indignante! ¡Qué tiene en la cabeza! ¡No engaño a mi mujer! ¿Quién se ha creído que es? ¡No tengo por qué soportar sus acusaciones! ¡Usted es la presidenta! ¡Cuando sepa la verdad tendrá que disculparse! ¡Ahora déjeme en paz!

Vecina... Tiene razón, Ha llegado el momento... voy a hablar con mi mujer... Volveré... Tengo mucho que contarle.

Vecina - *Se escuchan los pasos cargados de rabia de mi vecino y se escucha el portazo que da la hiena presidenta cuando cierra su puerta.*

ESCENA 4: EN EL PISO DE LA VECINA

VECINA - *Este vecino es el único que entra en mi casa, ¿por qué?*

Compré este piso... decidí qué cosas quería que estuviesen aquí... Claudia se ocupó de organizarlo... El día de mudarme... llegué de noche... no quería encontrarme con nadie... me trajeron en coche, desde el garaje subí directamente con Claudia, llegamos hasta la puerta, ella se fue y yo entré... cerré la puerta y me quedé, desde entonces no he salido...

Respiré... profundamente... suelo respirar así cuando tengo que habitar un espacio nuevo y hacerlo mío... también me gusta oler y reconocer olores, los que están y los que me ocuparé de llenar... nerviosa voy descubriendo cada rincón...

Decidí dar una vuelta para reconocer la casa... entonces escuché algo... un ruido raro... dentro del armario... No soy miedosa pero me asusté... mucho...

Abro el armario y allí está, profundamente dormido, en una posición rara, como una cochinilla, uno de esos insectos que se hacen una bola, eso es lo que más me asustó... eso y ver cómo chupaba su dedo pulgar...

Mi primera reacción fue llamar a alguien... ¿a quién?, ¿a la policía?

No sé qué extraña sensación me provocó su postura... o su gesto... no sé... había cierta familiaridad... no puedo explicarlo... el caso es que... me recordó a alguien...

Ya está aquí otra vez... llama muy suavemente golpeando la puerta, yo lo escucho porque tengo un oído de perro...

Dice que tiene cosas que contarme y yo quiero saber... el vecino es mi hormiga, trabaja para mí... y ese armario es el néctar...

Abro la puerta, sin preguntar quién es, esta vez no habrá excusas...

Vecino - Quiero que escuche lo que he grabado... sí... no se sorprenda... lo he grabado para usted... me hice con un equipo profesional...

Vecina - No deja de sorprenderme...

Vecino - ¿Puedo conectarlo a su equipo?

Vecina - Adelante.

Vecino - He seguido a la niña y a su madre, como un investigador, todo muy profesional... la grabación me ayudará a contar la historia... ¿se me nota acelerado?

Puede que esté nervioso, no sé por qué... tengo mi depósito de energía a tope... Ah!! He hablado con mi mujer... la misión que me encomendó está en marcha... vayamos por partes...

Vecino - *Conecto mi teléfono a su equipo...*

Vecino - En esta grabación que va a escuchar, ellas están en un autobús... yo me senté detrás y disimulé leyendo un libro... empieza el espectáculo...

Voz Niña - *Mamá... mamá... mamá...*

Voz Madre - *¿Qué?, Cecilia...no seas pesada...*

Vecino - La niña se llama Cecilia...

Voz Niña - *¿Mamá puedo contarte algo?*

Voz Madre - *Cecilia... tengo que enviar muchos mensajes...*

Voz Niña - *¿No puedes escucharme mientras envías mensajes?*

Voz Madre - *No... No puedo...*

Vecino - ... la madre sigue mirando su móvil... la niña está inquieta, hace ruiditos, mueve los hombros, como si bailase sentada...

Cuando Cecilia ve que su madre deja el teléfono, vuelve a preguntar...

Voz Niña - *¿Ya?*

Voz Madre - *¿Qué?*

Voz Niña - *Lo que te iba a contar.*

Voz Madre - *¿Qué me ibas a contar?*

Voz Niña - *Iba a ser una sorpresa pero... he pensado... ¿y si llaman a casa y tú no sabes nada y piensas que es una de esas llamadas que te cabrean? Cuando dices que quieren venderte algo y tú te enfadas y les dices que no vuelvan a llamar...*

Voz Madre - *No entiendo nada... ¿Es una de tus fantasías Cecilia?*

Voz Niña - *Mamá... ¿puedes dejar de mirar el teléfono?*

Voz Madre - *¿Qué quieres?*

Voz Niña - *Un profe nuevo nos ha pedido que hagamos un trabajo muy especial...*

Voz Madre - *¿Tienes un profesor nuevo?*

Voz Niña - *Sí mamá, te lo conté... el profe dijo que este trabajo será muy especial... escribió la palabra especial en la pizarra... ¿sabes cómo se titula el trabajo mamá?*

Voz Madre - *¿Qué trabajo?*

Voz Niña - *El trabajo especial del profe nuevo... ¿sabes cómo se titula?...*

Vecino - Cecilia deja una larga pausa... su madre se impacienta...

Voz Niña - *... se titula... se titula... se titula...*

Voz Madre - *¡Cecilia!*

Voz Niña - *Se titula... Cambia el mundo de alguien... ¿no te gusta?*

Voz Madre - *No sé... un poco exagerado...*

Voz Niña - *Mamá...*

Voz Madre - *Ese profe debe ser un idealista... cambiar el mundo de alguien... como si fuera fácil...*

Voz Niña - *No te entiendo mamá... a mí me gusta y he pensado en hacer algo y cambiar tu mundo y el mío...*

Vecino - La niña se lo va a contar pero la madre se pone a grabar otro mensaje de audio...

Voz Madre - *Sara... escúchame... ¿estás mejor de tu espalda? Oye... una pregunta... siempre dices que tu marido es hábil con los arreglos... qué suerte... ¿qué tal la fontanería? Es por la caldera... el portero dice que no tiene arreglo... la niña y yo estamos calentando agua, nos bañamos como los gatos... igual tu marido la puede arreglar... no puedo pagarle, a no ser que quiera que le pague en carne... en serio Sara... puedo echar unas horas de limpieza en tu casa o en su taller... dime algo...*

¡Cecilia deja de hacer gestitos! Cuando estoy grabando un mensaje es como si estuviera hablando con alguien...

Voz Niña - *Mamá... de eso quería hablarte...*

Voz Madre - *¿De qué?*

Voz Niña - *¿Me prestas atención? Solo un minuto, cronometrado... un minuto, pero solo puedes escucharme a mí, y no mirarás el móvil...*

Voz Madre - *Cecilia...*

Voz Niña - *Mamá... un minuto...*

Voz Madre - *Cecilia... estás muy pesada... tengo muchas cosas que hacer... habla...*

Voz Niña - *Pongo el cronómetro... un minuto... No mires el móvil...*

Voz Madre - *Habla ya...*

Vecino - Esto es precioso...

Voz Niña - *He decidido cambiar tu mundo y el mío, ¿quieres saber cómo? Acabas de decir que necesitamos una caldera... cuesta mucho dinero... voy a conseguir una... y gratis... bueno, he gastado mi paga... ¿sabes por qué?, he comprado sellos, papel bonito y sobres de colores... y he escrito unas cartas a ciertas personas que venden calderas... las busqué en internet... el profe dijo que investigáramos... mamá... a lo mejor, una de esas personas que vende calderas nos llama... ¿por qué?, las cartas son poesías, muy bien escritas y sinceras... ya está mamá... un minuto...*

Voz Madre - *Hija... dame un abrazo... gracias Cecilia... ojalá nunca te lleves desengaños... no quiero desilusionarte, nadie nos va a regalar una caldera... hija... seguro que tu carta es preciosa... y te doy las gracias...*

Voz Niña - *Mamá.... He enviado muchas cartas... a personas que venden calderas... al señor o la señora Vaillant... este dato no lo sé... al señor o la señora Junkers... al señor o la señora Saunier Duval... al señor o la señora Ferroli... al señor o la señora Lasian... al señor o la señora Fagor... Al señor o la señora Cointra...*

Voz Madre - *Hija estás como una cabra... esos nombres son las marcas de las calderas...*

Voz Niña - *Ya... cada marca se corresponde con el apellido de una persona...*

Voz Madre - *Hija... estás loquísima...*

Voz Niña - *Mamá, si llaman por teléfono no vayas a colgarles...*

Voz Madre - *Cecilia nada funciona así, no hay tanta generosidad... además... ¿quién escribe cartas hoy en día?*

Voz Niña - *Yo...*

Vecino - Escuche ahora...

Voz Niña - *Te equivocas mamá... mi carta convencerá a una buena persona... cambiaré tu mundo y el mío...*

Voz Madre - *Hija... tienes muchos pájaros en la cabeza...*

Voz Niña - *¿Cómo quién? Siempre dices que tengo la cabeza a pájaros como alguien...*

Voz Madre - *Mejor me callo.*

Vecino - Interesante... dejan una... una sombra... una incógnita... ¿quién, además de la niña, tiene pájaros en la cabeza?

Vecina - Continúe... usted sí que tiene pájaros en la cabeza...

Vecino - Esto que viene es precioso...

Voz Niña - *Escúchame mamá, si no me crees...*

Voz Madre - *Hija, a ti te creo... tú te lo crees todo y yo a ti te creo...*

Voz Niña - *El plan nos va a salir bien... además de esos señores o señoras que no conozco, resulta que... escúchame mamá... el abuelo de mi amiga Cati tiene una tienda de electrodomésticos, le he es-*

crito la carta más especial... ¿sabes cómo se llama la tienda? Electrodomésticos Ruiz...

Vecino - Esto es precioso también...

Voz Niña - *Mamá... te voy a demostrar que sé muy bien lo que digo... mi amiga Lola... su padre tiene un bar, ¿sabes cómo se llama el bar? Bar Domingo, no se llama así por el día de la semana... su padre se llama Domingo... La tienda se llama electrodomésticos Ruiz, ¿por qué?, el dueño se llama señor Ruiz... He investigado mamá, no son pájaros en la cabeza...*

Vecino - No son pájaros en la cabeza...

Vecina - Quiero esas grabaciones...

Vecino - Escuche...

Voz Niña - *Le he escrito una carta muy especial al señor Ruiz, de electrodomésticos Ruiz... Le pregunté a mi amiga Cati, me dijo que su abuelo vende calderas y es muy gracioso, y se disfraza de mujer en las fiestas...*

¿Y si nos llama el señor Ruiz?

Vecino - Ahora puedo asegurarle que tengo un plan... el plan se llama electrodomésticos Ruiz... será el primer paso...

¿Me permite comentarle un detalle... una sensación?

Vecina - No sé...

Vecino - La madre de la niña se le parece mucho a usted, más joven...

Vecina - Está muy equivocado...

Vecino - Solo quería compartir esa sensación... es información objetiva, como buen detective.

Vecina - Usted siga sin hacer preguntas. Sin intentar entender, ni qué, ni por qué, ni cómo, ni cuándo...

Es el trato...

Vecino - De acuerdo, es el trato y yo he cumplido mi parte.

Vecina - Intuyo lo que me está queriendo decir...

Vecino - Un ratito... media hora... cronometrada... tengo que hacer tantas llamadas que me agoto solo de pensarlo... créame, resulta raro de explicar... en casa no consigo dormir, solo aquí... y tengo un problema...

Vecina - No me cuente su vida, vaya al armario de una vez... media hora...

Vecino - Cronometrada...

Tendríamos que hablar de equiparar un servicio con el otro...

Vecina - ...

Vecino - ... por ahora me vale así... con su permiso...

Vecina - *Me gusta el olor a limpio... me gusta el olor de algunos productos de limpieza... el suavizante de ropa... incluso el olor a lejía me gusta...*

Lo que más me gusta es que la casa huela a pan recién hecho... el olor de la masa en el horno me hace recordar... en el horno tengo pan, magdalenas, suizos, trenzas, hojaldres, ensaimadas, un bizcocho... en un rato estarán en su punto, recién hechos... los olores que había en este piso, cuando llegué, han desaparecido...

Podría ser uno de los secretos de la felicidad... olores que recuerdan momentos felices... el olor a pan recién hecho...

Es hora de abrir el horno...

ESCENA 5: EN EL PISO DE LA VECINA

Vecino - *Me acabo de despertar...*

Lo raro es que en mi casa, en una cama de dos mil euros, no consigo dormir... no encuentro la postura, ni la calma... no sé qué pasa...

Hay un olor en esta casa... me gusta... huele a panadería... me trae recuerdos...

¿Hola? ¿Hola?

Por allí viene mi Vecina, camina despacio por ese largo pasillo... yo lo recorría imaginando que atravesaba un túnel del tiempo...

Vecina - ¿Sabe cuánto tiempo lleva durmiendo?

Vecino - ¿Horas? ¿Días? ¿Años? Perdone... no sé cuánto tiempo... me despierto descansado... En casa no puedo...

Vecina - Usted sabrá... Me dio tiempo a hacer muchas cosas, entre ellas este bizcocho... Quiero que lo pruebe.

Vecino - Usted no dice, ¿quiere probarlo?, usted dice, quiero que lo pruebe...

Vecina - Usted dijo media hora y lleva tres horas largas...

Vecino - ¿Tres horas?

Vecina - Pruebe un trozo de bizcocho...

Vecino - Debería llevar cien llamadas de teléfono... Me está costando...

Vecina - Concéntrese y dígame qué le parece...

Vecino - Le voy a decir algo... al margen de los que hacía mi madre, por lo emocional... es uno de los mejores bizcochos que probé en mi vida... delicioso...

Vecina - ¿Sabe a qué me recuerda usted cuando duerme?

Vecino - ¿Usted me mira mientras duermo?

Vecina - Eché un vistazo, para saber si estaba bien, no es la primera vez... usted es fascinante, me encanta la naturaleza, saber cómo se relacionan los insectos con las plantas, esas extrañas relaciones de dependencia...

Vecino - Y... ¿Qué tengo yo que ver con los insectos?

Vecina - Cuando está dormido, por la postura, se parece a una cochinilla... ¿La conoce?, parece un insecto y en realidad es un crustáceo...

Vecino - No sé qué decir...

Vecina - También le llaman chanchito de tierra... bichos bola, bolinches...

Vecino - ¿Es un halago? No sé cómo tomármelo...

Vecina - Es por la posición en la que se queda dormido. Es usted muy flexible.

Vecino - No siempre. Solo en el armario... podría ser un erizo de tierra...

Vecina - Tiene razón, un erizo de tierra también podría ser... a mí me gusta llamarle cochinilla del armario...

Vecino - Sinceramente...

Vecina - No le gusta... me da igual... Oiga...

Vecino - ¿Qué?

Vecina - Quiero que continúe... si ha trazado un plan para hacerles llegar la caldera, adelante... espero que haya entendido nuestro pacto... de ninguna manera, ni por un desliz, ni por un error, ni confidencialmente, ni pactando con ellos, de ninguna manera deberá revelar de dónde vino la ayuda.

Le haré un cheque, ¿dos mil euros serán suficiente? Si sobra dinero gástelo en algo para la niña y quiero que les haga llegar este bizcocho.

Vecino - Todo por gentileza de electrodomésticos Ruiz... Tarea complicada...

Vecina - ¿Usted hace todo esto por el armario?

Vecino - Para ser sincero... esta historia ha terminado por atraparme...

Vecina - Quiero que convierta esto que hacemos en algo que sea mágico para la niña.

Vecino - ¿Usted cree en la magia?

Vecina - No... Hay personas que pueden hacer magia...

Vecino - ¿Lo dice por mí?

Vecina - Lo digo por la niña... ella es de las que pueden hacer magia.

Vecino - He empezado a hablar con mi mujer...

Vecina - Empezar a hablar... no se empieza a hablar, se habla o no se habla...

Vecino - Me gustaría contarle...

Vecina - Váyase... en otro momento...

Vecino - Me gustaría contarle...

De acuerdo... volveré...

Vecina - *En esta casa mi vecino fue un niño que descubría rincones, en ese armario él duerme y sueña... eso dice...*

Desde esta ventana se ve el patio de un centro de menores, puedo ver a los niños cuando salen a jugar, niños a los que la vida les golpeó antes de ser alguien.

A solo tres pasos de aquí comienza el largo pasillo donde está el resto de la casa...

Avanzo por el pasillo y me llega el olor a comida... cada olor tiene un significado...

Cada persona tiene su propio mundo de olores, la memoria despierta recuerdos de otro lugar, otro tiempo...

De entre todos los olores el pan recién hecho...

ESCENA 6: EN EL PISO DE LA VECINA

Vecino - *Me pareció que la madre de Cecilia era igual a ella, más joven, ahora dudo. Es deformación profesional, suelo conectar causas y motivos para hacer que algo suceda...*

Mi vecina tiene ganas de saber qué pasó con la niña... Quiero contarle que hablé con mi mujer... la sensación... no sé explicarla... la ansiedad que tenía era como llevar un globo hinchado en el pecho... lo que siento ahora es como si algo que se había vaciado se ha vuelto a llenar... energía, en resumen... y tiene que ver con ese armario, es excéntrico y raro... lo sé...

Fui a contarle a mi mujer... la abracé como hacía tiempo que no lo hacía, la besé como hacia tiempo que no lo hacía... la levanté en volandas, hicimos el amor como hacía mucho que no lo hacíamos... después le dije... mi vida... tengo que contarte algo... y se había dormido... una sensación antigua y rara... y libre...

Ahora, cuando voy hacia ella, es como si hubiese estallado una cuerda que llevase alrededor del cuerpo... Ahora, mi sensación es que bailo para ella, como si mis zapatos de plomo se hubieran roto en mil pedazos...

Vecina - ¿A qué espera?

Vecino - ¡Ah! Me asustó... Estaba pensando...

Vecina - Usted tiene un gesto más relajado...

Vecino - ¿Sabe que quise ser detective privado?

Cuando era niño tenía una grabadora de cintas y un radiocasete... grababa todo lo que escuchaba, me acercaba sigilosamente a la gente... grabé conversaciones comprometidas... hacia entrevistas... luego, con otro aparato, cortando y pegando creaba mi programa de radio... en esta casa, en ese armario...

Vecina - ¿Por qué me cuenta esto?

Vecino - Porque para documentar el trato que usted me propuso hice unas grabaciones clandestinas y me han hecho recordar...

Vecina - Ya sé que hizo grabaciones. Espero que haya sido prudente... por grabar de forma clandestina le pueden denunciar.

Vecino - He sido muy profesional, las he editado y voy a reconstruir para usted las situaciones... así sabrá que he cumplido con el trato y no fue fácil.

Vecina - Ese armario es demasiado importante para usted...

Vecino - No solo por el armario... hacer de detective me ha devuelto algo que había perdido...

Vecina - Déjelo... no se ponga nostálgico.

Vecino - Mi voz la haré en directo... he ensayado en casa... me lo he currado...

Vecina - Cuando quiera...

Vecino - Llego a la tienda de electrodomésticos...

... hay dos empleados, un hombre y una mujer...

... el hombre está organizando estanterías y la mujer sentada detrás de un mostrador, revisando facturas y cartas... me mira de reojo... me recuerda a los camaleones, puede girar los ojos ciento ochenta grados... me ha visto... disimula y sigue a lo suyo...

Vecina - Igual usted la intimidó con esa pose de detective...

Vecino - Soy experto en comunicación... aunque me dedique a despedir...

Pregunto... Por favor... ¿el señor Ruiz?

Imagino que el dueño de esta tienda se llama señor Ruiz... Ella ni se inmuta... Creo que me confunde con alguien que no era bien recibido...

Después de una larga pausa... al fin dice...

Voz Empleada - *¿Quién es usted?*

Vecino - Un futuro cliente...

Voz Empleada - *¿Un futuro cliente?*

Vecino - De nuevo me escanea con su mirada de camaleón...

Voz Empleada - *¿Un futuro cliente?, explíquese...*

Vecino - No hay nada que explicar, quiero hablar con él.

Voz Empleada - *¿Exactamente qué quiere del señor Ruiz?*

Vecino - Quiero hablar con él.

Voz Empleada - *El señor Ruiz no está, puede hablar conmigo...*

Vecino - En ese momento, observo, en un estante, un montón de cartas apiladas, entre ellas distingo un sobre de color azul...

Voz Empleada - *¿Qué está mirando caballero?*

Vecino - Quiero hablar con el dueño sobre una carta que ha enviado una sobrina mía, una niña de diez años, es un sobre de color azul...

Llega una señora... pregunta por un microondas, la dependienta sale del mostrador... Entonces se acerca el otro empleado y con cautela me dice...

Voz Empleado - *Oiga... el señor Ruiz suele tomar café en el bar de al lado... Le hizo mucha gracia la carta de la niña... dijo que, sintiéndolo mucho, no podía concederle el deseo, en todo caso darle facilidades sí...*

Vecino - Me acerco al bar... entro... Ahora tengo que reconocer al señor Ruiz...

¿Será aquel tipo que, al final de la barra, bebe vino blanco?

¿Aquel, en el centro de la barra, que muerde un palillo de dientes?

¿Aquel que lee periódicos deportivos y bebe cerveza?

La magia existe, hay una sinfonola en el bar... alguien mete una moneda y hace sonar... "Sentado en el muelle de la bahía", de Otis Redding... esa canción forma parte de mi banda sonora... nada puede salir mal... la magia existe... escuche, se grabó la canción...

¿Será aquel tipo que juega con una baraja y hace solitarios?

Un hombre sale del baño... lleva un traje a cuadros, de colores brillantes, no combina la chaqueta con el pantalón, lleva la bragueta abierta... coge unas servilletas, se seca las manos y dice al camarero...

Voz Señor Ruiz - ¡Jaime... cuando quieras te vendo un secador! ¡Barato!

Vecino - Lo tengo, es el señor Ruiz... Es mi oportunidad...

Buenos días señor Ruiz...

Voz Señor Ruiz - *Buenos* días... *¿le conozco?*

Vecino - Espero ser un cliente suyo...

Voz Señor Ruiz - *Usted es el inspector de hacienda... no disimule... tengo amigos, me dijeron que vendría...*

Vecino - Voy a ser un cliente... ¿Puedo invitarle a tomar algo?

Voz Señor Ruiz - *Ya me iba...*

Vecino - Señor Ruiz... voy a comprarle una caldera, de las mejores...

Nos sentamos... pide un anís con hielo... se nota que lleva unas cuantas copas, lo noto en el olor y en su chisposa manera de hablar...

Señor Ruiz... Una sobrina mía, tiene diez años, y va al colegio con su nieta... le ha escrito una carta... ella espera que le regale una caldera...

Voz Señor Ruiz - *La carta de la niña... Me hizo gracia... usted comprenderá que regalar una caldera...*

Vecino - Pienso pagarla, al contado... lo que quiero es contar con su complicidad, que la niña crea que la carta funcionó y usted le regala la caldera...

Voz Señor Ruiz - *Usted pague y le envío al técnico para que revise la instalación... puede contratar un seguro... lo recomiendo... pase por la tienda... elija la que más le convenga... una vez que elija y pague me deja organizarlo todo y verá cómo su sobrina quedará encantada con electrodomésticos Ruiz...*

Vecino - Intento concretar el trato... pero, en ese momento entra una mujer madura, atractiva, con el pelo cardado, deja un intenso olor a perfume, el señor Ruiz solo tiene ojos para ella, se cambia de mesa y me deja plantado...

Decido que es el momento de contarle a la madre de la niña que la carta ha surtido efecto... es importante hacerlo bien, y además, tengo que entregarle su bizcocho...

En esta grabación también he dejado huecos para interpretarlo en directo...

Llamo a la puerta...

Voz Madre Niña -*¿Quién es?*

Vecino - Buenos días señora... soy de electrodomésticos Ruiz... ¿me permite que le cuente por qué he venido?

Vecina - La pregunta me parece un poco rara... ¿me permite que le cuente por qué he venido? Es rara...

Vecino - Espere... tenga paciencia...

La madre abre un poco la puerta, asoma la cabeza y mira con desconfianza...

Vecina - ¿Y a usted qué le parece?

Voz Madre Niña -*¿Qué quiere?*

Vecino - Su hija escribió una carta... En un sobre azul...

Voz Madre Niña -*¿Qué quiere ahora?*

Vecino - ¿Qué quiere ahora?, alarma... ese comentario suena a que los de electrodomésticos Ruiz ya habían hablado con ella...

Señora... Queremos regalarle una caldera y vamos a instalársela...

Voz Madre Niña -*¿Usted se está riendo de mí?*

Vecino - ¿Por qué lo dice?

Voz Madre Niña -*Si usted fuera de esa tienda recordaría que me llamaron... recordaría que fui y me hicieron pasar una vergüenza horrible... si tuviera dinero para comprar una caldera jamás iría a electrodomésticos Ruiz...*

Vecino - Cierra la puerta... bruscamente...

Vecina - La verdad... tampoco usted fue muy persuasivo...

Vecino - Lo sé, por eso decidí dejar de grabar... y volví a llamar... suavemente...

Vecina - Su manera de llamar suavemente...

Vecino - Señora... sé que es muy raro... le he traído un bizcocho para que parezca más raro todavía... le juro por mi vida que es cierto, voy a regalarle una caldera...

Vecina - Juro por mi vida...

Vecino - Señora... no soy de electrodomésticos Ruiz... pero le doy mi palabra... es verdad... voy a regalarle una caldera, no yo, alguien me ha pedido que lo haga... señora... se lo juro... totalmente gratis... vendrán a instalarla mañana, si usted está de acuerdo... por favor, confíe en mí...

De nuevo abre la puerta, esta vez un poco más... y me pregunta...

¿Quién me regala la caldera?

Una persona me ha encargado que me ocupe de hacérsela llegar...

¿Una persona?

Sí... quiere mantenerse anónima... es todo lo que puedo decirle...

Le confieso que yo pensaba que diría... sé quién es... pensaba que de alguna manera saldría usted... y no...

Me deja entrar... le entrego el bizcocho, corta tres trozos y me da uno...

Cecilia, la niña, está allí, tímida aunque orgullosa... orgullosa porque sabe que su proyecto para cambiar el mundo de alguien ha funcionado...

La madre de Cecilia quiere saber...

Señora, no puedo decirle nada más... la carta surtió efecto... era una carta muy bonita... cuando digo esto, la niña se tapa la cara y sonríe debajo de sus manos...

Charlamos un rato... La madre de Cecilia me enseña unas fotos que estaban a la vista y me permití mirarlas, en ninguna aparece usted, ahora pienso que tampoco se le parece tanto como pensaba...

Hoy le están instalando la caldera...

La niña ha enviado un mensaje, ¿quiere escucharlo?

Vecina - No...

Vecino - ¿No quiere escucharlo?

Vecina - De todo lo que ha contado... hay un detalle que me llega... le felicito, ha sido elocuente, he podido visualizar la escena... esa reacción de la niña... cubriéndose la cara, como si no pudiera permitirse la emoción de estar contenta... ni por un momento... imagino que sabe que su vida seguirá siendo difícil, pero en ese gesto de cubrirse la cara hay tanta verdad...

Vecino - ¿Está contenta?

Vecina - Lo importante es que la niña esté contenta... no yo...

Vecino - La niña lo estaba... y yo también...

Vecina - ¿Va a meterse en el armario?

Vecino - No. Mi mujer me espera para cenar...

ESCENA 7: EN EL PISO DEL VECINO

Vecino - *He apagado el teléfono... Estoy de baja, no fue fácil... Tengo un seguro...*

Mi médico dice... Que usted no pueda dormir no es motivo para darle una baja...

Doctor, ¿puedo trabajar sin dormir? Tomé las pastillas, no me gustan, no me gustan... veo cosas raras... sí... tengo alucinaciones... indagué... usted puede mirarlo si quiere, imagino que lo sabe... si las tomas y no duermes, ves cosas raras, es un hipnótico...

Le puedo recetar algo más suave...

Usted piensa que busco una baja... le digo que tiene razón... necesito la baja porque no puedo dormir...

No es motivo para darle una baja... el paciente dice que no puede dormir, no me parece un motivo...

Este mes tengo que despedir a más de dos mil empleados... además de despedirles les hago firmar un contrato de confidencialidad... entre otras cosas para que no hablen mal de la entidad que les despide...

Soy persuasivo, dicen... me contrataron para hacer este trabajo porque sé hacerlo sin remordimientos, sin escrúpulos, sin dudar, basándome en ese fin último que justifica cualquiera acto por desagradable que sea...

A veces tengo que romper el espacio íntimo y acercarme mucho, a pocos centímetros, para intimidarlos... puede parecer una amenaza, y lo es...

No duermo doctor... usted me puede ayudar... dieciséis horas de trabajo, de ese trabajo... usted me va a dar la baja... ¿cree que intento escaquearme?, piense lo que quiera... dieciséis horas de trabajo... dos mil despidos... el teléfono no deja de sonar, incluso en la madrugada... ese sonido leve, con vibración... cientos de mensajes... no puedo silenciarlo, mi entidad dice claramente: ... el teléfono siempre encendido... Necesito la baja y me la va a dar... usted es un médico que sabe mirar a los ojos, no miento y necesito ayuda... unos días... al menos... o voy a reventar... la sensación es como llevar un globo hinchado en el pecho... en mi insomnio, en lugar de contar borreguitos ¿sabe lo que cuento doctor?

Usted decide...

ESCENA 8: EN EL PISO DE LA VECINA

Vecino - *¿Qué hora es? Me he despertado, aquí no llevo reloj. He salido del armario... últimamente me deja dormir mucho tiempo...*

Ella suele estar... No está...

¡Hola! ¡Hola! ¡Hola!

Me acerco a la ventana, hay niños jugando... no es difícil decidir a quién me gustaría ayudar... Aquella niña... por la manera de moverse... Aquel niño, necesita que alguien le escuche... Aquella niña, está sola... Aquel niño, por su manera de llorar... Aquella niña, por la forma de jugar...

En mi cabeza suena "Sentado en el muelle de la bahía", mientras espero, pienso en mi mujer y en cómo nos miramos últimamente... tengo ganas de bailar...

Despierto en ese armario con una extraña fogosidad... con un deseo sexual extremo... por mi mujer... solo ella... literalmente, pienso en comérmela... ella está sorprendida... sorprendida por mi extraña metamorfosis...

Vecina - *Mi vecino bailando... con los ojos cerrados...*

Vecino - ¡Ah!

Vecina - Siento haberle asustado... usted se ensimisma tanto...

Vecino - No la esperaba... de repente, abro los ojos y está mirándome...

Vecina - Como tenía los ojos cerrados, no quise...

Vecino - Discúlpeme... Me dio por bailar...

Vecina - ¿Por qué se disculpa? ¿Usted qué piensa?, ¿cree que no me gusta que la gente baile espontáneamente?, gente que sin venir a cuento se levanta y baila... en la oficina, en el juzgado, en el congreso, en la comisaria, en la iglesia, en la consulta, en la tienda, en los almacenes... en la calle... bailar sin venir a cuento, es una forma de sentirse libre... es una pequeña revolución.

Vecino - Tengo un problema con el sueño... un problema muy serio...

Vecina - No me cuente su vida... ¿Qué le han dicho a Mata Hari? Tengo cierta curiosidad...

Vecino - Mi mujer... fue más fácil de lo que imaginaba... se reía...

Vecina - ¿De qué?

Vecino - De que yo necesite meterme en ese armario para poder dormir... le hizo gracia... le conté que cuando vivía, de niño, en esta casa me metía todos los días... Oiga... qué bien huele... salgo del armario y el olor de su casa me despierta el hambre... no sé si esto se lo come usted o se lo da a alguien... perdón... no quiere preguntas...

Vecina - No...

Vecino - Últimamente, con esta colaboración que tenemos he pensado que tal vez usted influye en la vida de una niña ahí fuera, y eso equilibra lo que le pasa a usted aquí dentro...

Vecina - Usted se empeña en relacionarlo todo.

Vecino - Es difícil explicar este encuentro entre usted y yo... Lo que me está pasando con mi mujer... es difícil de explicar...

Vecina - ¿Y todo eso sucede por ese armario?

Vecino - No lo puedo explicar... antes, yo era aburrido, en casa, en el trabajo elocuente y persuasivo, en casa no... últimamente a mi mujer le hablo con la precisión de un filósofo, y uso palabras tan... son como pluma suave que acaricia y despierta el deseo... nos arrebatamos... a deshoras... imagínese...

Vecina - No quiero imaginarlo...

Vecino - Salgo de ese armario y la busco... me da igual si ella está leyendo, o está teletrabajando, o hablando con su madre... usted me pregunta... ¿es el armario?

Vecina - Yo no le pregunto nada...

Vecino - No puedo explicarlo... mi mujer me pedía que fuéramos a terapia... ahora casi me pide que vayamos a encontrar freno a mis instintos...

Le conté nuestro acuerdo y se ríe... ¿la vecina te cobra? Me cobraba, le dije...

Y además, hemos solucionado el problema con la presidenta de la comunidad...

Ahora... Elevo la voz para que me escuche la presidenta desde el pasillo... sé que está ahí fuera... intentando escuchar... tiene el oído muy fino...

¡Mi mujer se ha ocupado de explicarle a la presidenta!

¡Siento no haber tenido la delicadeza de explicarlo yo!

¡Siento lo que ha pasado!

Antes de diez segundos la presidenta llama a la puerta, esta vez será sutil, cuidará sus maneras... Ahí está...

Voz Presidenta de la Comunidad - ¡Perdón... soy la vecina... presidenta de la comunidad... vengo como vecina, traigo rosquillas de anís, las acabo de hacer... quiero disculparme...

Vecino - Carmen... Ya pasaré yo por su casa...

Voz Presidenta de la Comunidad - Me sabe mal lo que pasó...

Vecino - Ya está todo aclarado...

Voz Presidenta de la Comunidad - ¿Les apetece probar una merluza con almejas?

Vecino - Váyase, ya hablaremos...

Vecina - *Qué extraño cambio...*

Voz Presidenta de la Comunidad - Se me da bien la repostería...

¿Un flan de huevo? ¿Un bizcocho de zanahoria? Les invito a merendar...

Vecino - Carmen... no es el momento...

Voz Presidenta de la Comunidad - Me sabe mal lo que pasó...

Vecino - Ya está todo arreglado...

Vecina - *¿Qué le habrán contado a esta mujer?*

Voz Presidenta de la Comunidad - Se me da bien hacer pescado... ¿Bacalao a la vizcaína?

Vecino - ¡Váyase a casa!

Vecina - *Qué machacona es...*

Voz Presidenta de la Comunidad - ¿Tarta de queso? ¿Crema catalana? ¿Un postre francés? ¿Tiramisú? ¿Panna Cotta? ¿Una Pávlola? Es un postre australiano...

Vecina - *Cierto... inspirado en la bailarina rusa, Anna Pávlola...*

Voz Presidenta de la Comunidad - ¿Una torta de tres leches? ¿Una tarta de tres chocolates?

Vecino - Váyase Carmen, no es buen momento...

Voz Presidenta de la Comunidad - ¡Me gustaría hablar con mi vecina, se ha llevado muy mala impresión!

Vecina - *No... no vamos a hablar...*

Vecino - Váyase... ahora no es buen momento, ya pasaré a verla...

Voz Presidenta de la Comunidad - Me gustaría hablar con mi vecina...

Vecina - *No se da por vencida...*

Vecino - Váyase... no es buen momento...

Voz Presidenta de la Comunidad - Le pido por favor que le transmita mi deseo, me gustaría hablar con ella, avíseme cuando sea posible...

Vecina - *Ni se le ocurra...*

Vecino - Ya se fue...

Vecina - ¿Qué le ha contado su mujer a la presidenta?

Vecino - No lo sé...

Vecina - Cuénteme...

Vecino - No sé lo que le ha dicho... Me dijo... déjalo en mis manos...

No la molestará más...

Vecina - Sé que no me molestará más porque no voy a estar...

Vecino - ¿Qué quiere decir?

Vecina - Tengo un trato nuevo para usted...

Vecino - ¿Ayudar a otra niña?

Vecina - No.

Vecino - Buscamos nuestro lugar en el mundo... ¿y nuestro rincón en el mundo?, ese sofá, ese sillón, ese lugar donde leer con la luz de media tarde, ese rincón donde el café sabe mejor... ese rincón donde una copa hace el efecto preciso... ese rincón donde la música se escucha como en ningún otro sitio... Hay lugares extraordinarios ahí fuera pero cuál es nuestro rincón...

Vecina - Cállese... Escuche... Tengo un trato para usted...

Vecino - ¿Ayudar a otra niña? Cuente conmigo...

Vecina - El trato tiene que ver con esta casa... voy a marcharme...

Vecino - ¿Por qué se marcha?

Sin preguntas...

Vecina - Le dejo unas llaves de casa... podrá venir cuando quiera... entra en el armario, se hace una bola, sale y se va... no curiosee, no mire mis cosas, no toque nada, no se lleve nada, no deje entrar a nadie, ni a su mujer, y menos a la presidenta...

Me iré de noche, vendrán a recogerme, hay una persona que lleva mis asuntos, le dejaré su número de teléfono... no quiero preguntas, ni escenas, ni despedidas...

Vecino - ¿Voy a volver a verla?

Nada será igual sin usted…

Ella se pierde por ese pasillo que fue mi túnel del tiempo… llega hasta el final, a un lado estaba el dormitorio de mi madre, desde allí lo controlaba todo.

En frente la cocina… huele a pan recién hecho…

FIN

Todo empezó en la infancia, allí estaban las semillas, en aquellos cuadernos que llenaba de historias y empezaban a tener forma de teatro.
Si he de elegir un momento decisivo sucedió en 1990, fui invitado por el Centro Nacional de nuevas tendencias escénicas (1984-1994), a un taller con Paloma Pedrero. En aquel grupo estaba también Juan Mayorga.
Desde mis primeras experiencias profesionales, el teatro y la educación encontraron espacios y experiencias comunes.
En 2009 recibo el Premio de Teatro "Barahona de Soto", por la obra "Del Sur".
Entre 2010-2019 colaboro en diversos proyectos de investigación, formación y creación dramatúrgica, junto a José Sanchis Sinisterra en el Nuevo Teatro Fronterizo, Madrid.
En 2019-2020 realizó el Máster de creación teatral de la Universidad Carlos III de Madrid (*Dirigido por Juan Mayorga), con la calificación de sobresaliente.*
Soy miembro de Profesionales del Dramático, (Centro Dramático Nacional).

Enrique Torres Infantes

Publicaciones:
Del Sur. 2009. (Premio de Teatro Barahona de Soto 2009.)
El tamaño no importa, Asociación Autoras y Autores de Teatro: Volumen II, 2012. Volumen III, 2013. Volumen IV, 2014. Volumen VII, 2017. Volumen IX, 2019. Volumen XI, 2021. Volumen XII, 2022. Ministerio de Cultura. Comunidad de Madrid.
Planeta Vulnerable. VV.AA. Teatro Ecológico del Siglo XXI. Ediciones invasoras 2019.
Un minuto de justicia. VV.AA. Ediciones invasoras. 2019.
De los días sin abrazos. VV.AA. Ediciones invasoras, 2020.
Teatro para una crisis. VV.AA. Centro de investigación y recursos de las artes escénicas de Andalucía (CIRAE), 2020.
Adolescer, Colección de obras destinadas a adolescentes y centros educativos. VV.AA. Obra sobre Teatro Documento. Editorial Ñaque, 2020.
Sen(o)fobia. VV.AA. Texto: Flores que nadie ve. Ediciones Invasoras, 2020.
El veneno en el aire. VV.AA. Ediciones invasoras. 2021.
La escena de Anaximandro. VV.AA. (Encuentros de Teatro y Ciencia). Editorial CSIC. Punto de vista ediciones. 2021.
Las fronteras son quimeras. VVAA. Ediciones invasoras. 2022.
Alegría. VV.AA. Ediciones invasoras, 2023.
Teatro. Ecología y gastronomía. Dos primera décadas del siglo XXI. José Romera Castillo (ed.) ("Pequeños actos para salvar el mundo"). Editorial VERBUM, 2023.
Y no regresaron a sus casas. VV.AA. Ediciones Invasoras, 2024.
Gaza campo de exterminio. VV.AA. Ediciones Invasoras. 2024.
Olvídate de todo menos de mí. Ediciones invasoras, 2023.
Espacios Infinitos. Obra Finalista del VII Premio Internacional Dramaturgia Invasora 2023. Ediciones Invasoras, 2024.
– Artículos: Revista Primer Acto: "Un lugar en los márgenes de la adolescencia" (nº 353), noviembre, 2017. "El individuo y la sociedad", un taller con Roland Schimmelpfennig (con Laura Aparicio) (nº 355), noviembre, 2018. Travesías (Invisibles): "Un espectro que cruza las calles". (nº 358) 2020.